AF264205

1176.

UN MOT

SUR LES

CIRCONSTANCES ACTUELLES,

PAR LE Mis DE CORIOLIS D'ESPINOUSE.

A PARIS,

CHEZ LE NORMANT, LIBRAIRE,

RUE DE SEINE, n° 8; ET QUAI CONTI, N° 5,

PRÈS LE PONT-NEUF.

M DCCCXVIII.

AVIS.

Ces courtes réflexions devoient
paroître dans *le Conservateur*; mais
j'ai cédé volontiers ma place à des
hommes qui occuperont bientôt
une autre tribune. Je me détermine
donc à les imprimer séparément.
Dans les temps de crise, on ne peut
guère arriver trop tôt pour dire ce
qu'on croit utile, tandis qu'on court
souvent risque d'arriver trop tard.

UN MOT

SUR

LES CIRCONSTANCES ACTUELLES.

——

Où nous mène-t-on, et que deviendra la France? Voilà ce que chacun se demande tout bas, et ce qu'il est très-permis de demander tout haut sous un gouvernement représentatif. Certes! à considérer ce qui se passe depuis deux ans, quoi de plus légitime que les appréhensions, et si on s'arrête sur les quatre derniers mois, les inquiétudes ne vont-elles pas se tourner en effroi? On voit une race d'hommes qui se tient debout entre le passé et l'avenir, comme pour couper toute communication : fille et mère de nos troubles, elle sème encore, après trente ans, l'ivraie de ses arides systèmes, de ses doctrines mortelles. Il n'y a pour ces hommes d'autres temps que la révolution, d'autre vie que celle-ci, d'autre ciel que le firmament, d'autres puissances terrestres que la destruction de celles qui restent. Ils vivent de ruines et de négations, comme les vampires vivent de cadavres. On diroit que plus insensés encore que ceux de la Genèse, ils s'efforcent de bâtir cette *ville en l'air*, que le sage Plutarque compare à une société sans religion. Cependant, ces hommes viennent d'obtenir de formidables succès, succès trop méprisés par les uns, trop prédits par les autres; mais, enfin, obtenus. Cette victoire chacun la voit, chacun en gémit et en redoute les suites. Les plus aveugles ouvrent les yeux; les moins prévoyans prévoient. A l'apparition de ces hommes ressuscités, tout citoyen, si obscur qu'il soit, est fondé à se dire : « Ces hommes en veulent, ils ne le déguisent plus, à la pierre antique où le trône s'est fondé. L'auront-ils renversée, on renversera l'humble pierre qui dit que ce champ est à moi; car la royauté n'est paternelle que parce qu'elle est protectrice. On nous donnera ensuite de ces gouvernemens qui disparoissent le lendemain, comme la tente du Bédouin, qui disparoît avec lui. » Les ministres s'épouvantent du fruit de leurs œuvres imprudentes, ils reconnoissent trop après l'événement ce qu'ils ont refusé de voir d'avance, importunés qu'ils paroissoient de nos prédictions. Les attaques, les insultes d'un certain parti ne les offusquoient en rien : nos plus circonspectes observations n'obtenoient d'eux que de l'impatience. Sans doute, les hommes ne sont pas patiens parce qu'ils ne sont pas éternels, et nous sommes tous des hommes, fussions-nous ministres. Mais il ne s'agit plus ici d'orgueil blessé, d'aveu tardif, et qui coûte à faire ; il s'agit de voir l'abîme, de prendre, et vite, un parti. Ce parti, le prendra-t-on, et quel sera-t-il? Songeroit-on encore à un demi-traité avec les royalistes? Parce que l'orgueil, plus vif encore que l'intérêt, parlera plus haut. On vous l'a dit, et mille fois mieux que moi, les royalistes ne traiteront que tout-à-fait ou point du tout. Qu'on revienne, nous ne nous lassons pas de le dire, aux idées monarchiques et françaises ; qu'on veuille consentir enfin à entrer dans les conditions véritables du système représentatif (1), sans trop alors s'embarras-

---

(1) Voyez l'ouvrage de M. de Vitrolles, intitulé *Du Ministère, dans le gouvernement représentatif*, et tout ce qui est de doctrine dans *la Monarchie selon la Charte*, de M. de Chateaubriand. Les principes ne sauroient être ni mieux, ni plus clairement exposés.

ser des protestations, ni se laisser troubler par des conspirations qui ne sont crues de personne, non pas même de ceux qui les dénoncent, et nous, tous tant que nous sommes, marcherons à la suite des ministres, avec les ministres ; et toute la France, d'un bout à l'autre, marchera avec les ministres. Principe infaillible. Voulez-vous une monarchie ? Prenez d'abord des royalistes. Vous en aviez. Qu'en avez-vous fait ? et où couriez-vous sans eux ? A un je ne sais quel système, qui ne trouveroit de nom dans aucune langue. Et comment les avez-vous laissé traiter, depuis deux ans surtout ? Pour prix de leur intègre dévouement, on leur a mis un roseau dans la main, et puis on les a livrés aux méchans et aux dupes, en disant : *voici les ultrà !* les ultrà ! ont répété par écho les révolutionnaires, et jusqu'à des hommes jadis menacés de la mort comme *aristocrates*, c'est-à-dire comme *ultrà-royalistes* de 1790. Et quelle étoit l'interprétation de ce mot, tiré du vieux lexique des démagogues ? la voici : elle a aussi fait fortune dans un certain monde, et les simples y ont été pris. *Il ne faut pas être plus royaliste que le Roi.* Autre niaiserie. Le Roi n'est pas royaliste. Le Roi est le Roi, notre souverain Seigneur : c'est nous qui sommes royalistes, quand nous le sommes, et qui ne pouvons jamais l'être trop; car, on ne peut trop « tenir au parti du Roi, » et c'est l'explication que donne l'Académie du mot » royaliste; » nous sommes attachés au Roi, non pas seulement au Roi régnant, mais à sa race, à ses prédécesseurs comme à ses descendans, mais au Roi à tout jamais, *Rex in æternum.* Et qui aime le Roi d'un autre amour, je ne balance pas à le dire, celui-là n'aime pas le Roi; car, ce n'est pas aimer la royauté que l'aimer d'un amour viager; car toutes les flatteuses niaiseries ne parviendront jamais à faire reposer la royauté sur autre chose que sur des institutions monarchiques; toute autre base manquera par quelqu'endroit. Voilà pourquoi si l'on aime les bons Rois, il est ordonné de supporter les mauvais, et de les révérer à l'égal des bons. Louis XI et Louis XII imposoient les mêmes obligations. Faut - il encore des preuves de ceci? Louis XVI étoit-il un bon Roi? Qu'a-t-on fait de ce Roi, gens de mauvaise mémoire?

Ce nom d'*ultrà-royaliste* est lui-même

tristement renouvelé du mot *ultrà - révo-
lutionnaire*, inventé par les révolutionnaires
pour désigner ceux, disoient-ils, qui passoient le but marqué par la révolution, comme
si la révolution avoit un terme marqué :
hélas! et quant à ce but, les révolutionnaires
ont tous accompli jusqu'ici cette parole de
l'apôtre : *On les a menés là où ils ne vou-
loient pas aller.* Mais, soit qu'on nous ait
qualifiés d'*ultra* ou de gens *plus royalistes
que le Roi*, on a dû se convaincre qu'il y
avoit quelque chose dans la tête comme dans
le cœur de ces *ultrà*, et ils auront au moins
servi à prouver aux plus incrédules qu'on
ne met point l'honneur sur la place, ainsi
qu'un effet public, et que cet honneur est
un fort qui ne se prend ni d'assaut ni par
famine. Qui a donc pu rendre la bassesse si
fière que d'en venir là ? qui a pu tourner au
mal ceux qui se tournoient d'eux-mêmes vers
le bien ? Il y a tel homme qui, en 1814, faisoit
amende honorable de ses vieilles erreurs.
Cet homme s'y est vu ramené en 1817, parce
qu'il n'a pu résister à une seconde épreuve,
et que, voyant les mêmes doctrines remises
en honneur, il est allé en réclamer le brevet
d'invention. Cet homme seroit royaliste

comme nous aujourd'hui, et le voilà royaliste comme on l'a fait. Cet homme me serroit la main en 1814, et il m'évite aujourd'hui. C'est qu'il ne me pardonne pas sa foiblesse, et peut-être sa méprise. Ainsi, de méprise en méprise, de foiblesse en foiblesse, on arrivera à faire de la restauration, une restauration *piperesse*, pour parler le fort langage de Montaigne. J'ai parlé de méprise, parce qu'on s'est acharné à croire qu'on gagneroit les factieux avec des caresses; et cet acharnement a été si visible, qu'il a fait très-naturellement supposer des projets perfides, quand il falloit bien choisir de l'accusation d'incapacité ou de perfidie. Pourvu encore que l'orgueil, l'infernal orgueil n'achève pas l'œuvre de l'imprévoyance, et qu'on ne perde pas un royaume pour un avèu. Les avertissemens auroient-ils manqué? N'a-t-on pas noblement et périlleusement usé du privilége de la pairie pour dénoncer le danger, pour le faire toucher du doigt? A-t-on cessé de vous prémunir contre la faveur que vous accordez à ces hommes? Demandez-vous comment ils nomment cette faveur si hautement déclarée? toute la France vous criera; De la peur. Une seule de nos conjectures sur ces hommes est-elle démentie jusqu'à ce jour? Leur victoire est-elle douteuse? leur assurance un problème? Aujourd'hui, comment vont-ils s'y prendre? Seront-ils assez mal habiles pour s'élancer, de plein saut, dans l'arène qu'ils mesurent déjà des yeux? Non. Ils sonderont le terrain; ils avancèront avec la précaution d'un contre-mineur. Vous y laisserez-vous prendre, rassurés tant que la mine ne saute pas?

Tous les bons esprits ne voient de salut pour la monarchie que dans une autre loi d'élection, substituée à une loi de dommage, que dans la réunion franche aux royalistes, qui seule peut la procurer. Cette loi, l'aurons-nous? L'année prochaine, il sera trop tard. Vous avez semé du vent, tremblez de moissonner des tempêtes.

Dans toutes ces prédictions si tristement accomplies, il n'y a que le mérite d'avoir ouvert les yeux, quand on vouloit les tenir fermés. Il y a des époques où l'on a la réputation de prophète pour avoir seulement signalé les conséquences de ce qui se passe. C'est ainsi que le père Beauregard, M. Séguier, et jusqu'au chevalier de Lisle, le jésuite dans un sermon, le magistrat dans un réquisitoire, et le chevalier dans une chanson, ont semblé des prophètes et des sorciers, lorsqu'ils n'avoient fait autre chose que forcer les conséquences des choses qui se passoient sous leurs yeux. Rien n'échappe à qui sait regarder.

D'où peut naître, dirai-je, à ceux que j'ai déjà signalés, d'où peut naître votre rage contre la noblesse ancienne? que vous ont fait ces hommes? qui vous irrite? leurs titres? qui n'en a pas? Leurs distinctions? On les quitte pour se distinguer. Leurs noms? peuvent-ils les quitter? Et s'ils les quittoient, les prendriez-vous? Leur vie enfin? Eh! quand vous l'auriez cette vie, auriez-vous tué avec eux les souvenirs qui ne meurent pas? C'est donc votre nom que vous haïssez dans le leur. O grand orgueil des petits!

Cependant tous ces germes de jalousie vaine lèvent dans les esprits et y déposent l'ennui et le dégoût de sa propre condition. Nul ne se croit à sa place, où qu'il soit. C'est la grande plaie. A la considération positive des états, des compagnies, des corporations, est substitué un vague désespérant, un besoin de considération, qui ne sachant où se prendre, s'attaque à ce qui est de plus haut. Dans l'impuissance de monter à l'arbre, on le frappe au pied pour l'abattre. Et comment n'obéiroit-on pas à ce bas instinct de jalousie? N'avons-nous pas entendu, l'année dernière, un manifeste violent contre l'article de la Charte qui consacre la noblesse, parti de la tribune de la Chambre des Députés? Et qui l'a prononcé ce manifeste? Un grave conseiller-d'Etat, chargé souvent par le Monarque de défendre des propositions de lois dans l'intérêt de la couronne. Mais cet orateur imprudent a perdu sa place au conseil d'Etat. Non, il l'a conservée; il est réélu cette année à la Chambre, en sa double qualité de candidat ministériel et indépendant. Que sera-ce si ce langage sort de la bouche d'hommes qui en ont tenu jadis un si différent? D'hommes estimés purs parmi les impurs! droits parmi les cauteleux! sages parmi les fous! enfin, royalistes et religieux parmi les athées et les démagogues! Quelle matière à de tristes réflexions! et combien, en déplorant l'infirmité de l'esprit humain, n'est-on pas amené à reconnoître que la Circé de la Révolution n'a peut-être pas trouvé un Ulysse. Au reste, toutes ces con-

tradictions, toutes ces péripéties de principes sont la chose qui m'étonne le moins.
Il y a des gens qui auroient volontiers sonné
toutes les cloches quand on les avoit chan-
gées en canons ou en monnoie de billon, et
qui aujourd'hui abattroient cloches et clo-
chers si on les laissoit faire. Vanité alors;
vanité aujourd'hui. Quelques-uns se sont
trompés; et comme ils étoient franchement
dans l'erreur, ils sont revenus franchement
à la vérité. Ceux-là paient leur franchise et
leur constance du prix de la pauvreté et de
l'oubli. Ceux-là ont des maisons de boue et
des cœurs d'or. D'autres ont des maisons
dorées : j'ignore de quoi sont leurs cœurs.

Toutes ces choses sont liées par un nœud
secret, et dès qu'on tient ce nœud, tout se
démêle et s'éclaircit. Avant le 18 fructidor,
on disoit aussi aux royalistes qui se portoient
aux élections : « Ne vous pressez pas; atten-
» dez, le moment n'est pas venu : cédez-
» nous seulement les suffrages qui se réuni-
» roient sur vous, et nous préparerons les
» voies à la monarchie. Croyez-en notre
» expérience: il faut du médiat; l'immédiat
» perdroit tout. » On a vu les fruits de ce
médiat. Alors cependant la monarchie étoit

restaurée ; alors elle trouvoit tous les cœurs et tous les esprits unanimes. Vingt ans n'avoient pas passé sur les souvenirs. Les âmes étoient épouvantées et non corrompues. Alors Pichegru ne trouvoit point d'incertitude parmi ses collègues, autrement choisis. Nous avons trop su depuis pourquoi on disoit : il n'est pas temps, et pour qui travailloient les partisans du médiat. Ne se rencontre-t-il pas .des hommes qui assurent encore naïvement que la domination de Buonaparte étoit indispensable pour ouvrir le chemin au Roi de France? Il est sûr que le moyen n'étoit pas immédiat, et vous verrez que Buonaparte n'étoit autre qu'un bon citoyen qui s'est sacrifié, durant quinze ans, dans l'intérêt de la monarchie légitime. Enfin, on a tant fait et tant laissé faire, que rien de positif n'est resté dans les esprits, et les cœurs ne sont que trop vides. Quand nous prenions les questions d'un peu haut, quand nous mettions les conséquences auprès des doctrines, nous faisions de la poésie, nous ne comprenions pas les affaires humaines. Que se passoit-il, cependant, dans de jeunes têtes étourdies par tant et de si variables principes? Fidélité en 1815, faction en 1817.

Enfin, qu'avons-nous voulu, que voulons-nous, sinon la véritable indépendance avec toutes les sûretés de la monarchie ? Nous ne sommes pas de ces hommes dont le cœur n'a jamais battu au nom de liberté. Quelques uns ont pu s'abuser dans l'âge des belles chimères, sur ce qu'on décoroit de ce nom, qui ne frappe jamais en vain les oreilles pour la première fois : mais, ceux-là n'ont pas plutôt vu que la liberté n'étoit que le droit d'invasion et de massacre, qu'ils l'ont abhorrée, et ils se sont réfugiés vers cette liberté qu'ils avoient méconnue, et qui ne repose qu'au pied du trône de nos Rois. Ils ont détesté leurs illusions coupables, et ceux-là ne demandent pas qu'on les oublie : ils prient qu'on les leur pardonne.

Qu'arrivera-t-il ? Nous l'ignorons. En sera-t-il des royalistes comme des puissances d'Europe ? Finissent-ils par s'apercevoir qu'ils ne sont pas si foibles, si inhabiles qu'on les représente, et qu'ils peuvent compter leurs adversaires avec quelqu'assurance ? Encore une fois, nous l'ignorons, Mais, quoi qu'il arrive, ce n'est pas dans nos rangs qu'on verra « la foi mentie, » et les ennemis du trône nous y trouveroient réunis, Que

le ciel détourne ce présage ; mais il est bon de
se rappeler les paroles suprêmes de Thraséas :
*In ea tempora natus es , quibus firmare ani-
mum expediat constantibus exemplis.* Lord
Lovat, mourant pour avoir tenté de sauver
le dernier des Stuarts, s'écrioit sur l'écha-
faud : « Il est doux et honorable de mourir
» pour son pays ».

Eh ! qu'est-ce donc dans la vie que quelques années de plus ? Chaque jour n'em-
porte-il pas un parent, un ami ? Du moins
nous laisserions un nom glorieux à nos en-
fans , et ce nom iroit peut-être dans l'avenir
faire battre le cœur de quelque Français
fidèle.

IMPRIMERIE DE LE NORMANT, RUE DE SEINE.